Bibliografische Information der Deutschen Nationalbibliothek:

Die Deutsche Bibliothek verzeichnet diese Publikation in der Deutschen National-
bibliografie; detaillierte bibliografische Daten sind im Internet über http://dnb.d-
nb.de/ abrufbar.

Impressum:

Copyright © 2017 GRIN Verlag, Open Publishing GmbH
Druck und Bindung: Books on Demand GmbH, Norderstedt Germany
ISBN: 9783668518353

Dieses Buch bei GRIN:

http://www.grin.com/de/e-book/374418/betriebswirtschaftliche-aspekte-der-fitnes-
soekonomie

Anonym

Betriebswirtschaftliche Aspekte der Fitnessökonomie

GRIN Verlag

GRIN - Your knowledge has value

Der GRIN Verlag publiziert seit 1998 wissenschaftliche Arbeiten von Studenten, Hochschullehrern und anderen Akademikern als eBook und gedrucktes Buch. Die Verlagswebsite www.grin.com ist die ideale Plattform zur Veröffentlichung von Hausarbeiten, Abschlussarbeiten, wissenschaftlichen Aufsätzen, Dissertationen und Fachbüchern.

Deutsche Hochschule für

Prävention und Gesundheitsmanagement

Hermann Neuberger Sportschule 3

66123 Saarbrücken

Einsendeaufgabe

Fachmodul: Betriebswirtschaftslehre IV

Studiengang: Fitnessökonomie

Datum
Präsenzphase: 02.05.-04.05.2017

Studienort: **Berlin**

Semester: **WS 2014**

Inhaltsverzeichnis

1 QUALITÄTSZERTIFIZIERUNG 3

1.1 Personalanforderungen für gerätegestütztes Training nach der DIN 33961 3

    1.1.1   Personaleinsatzplan 3

    1.1.2   Qualifikationsstufen 3

    1.1.3   Soll/Ist-Vergleich 4

    1.1.4   Notfallmanagement 4

1.2 Einsehbarkeit der Trainingsfläche 5

    1.2.1   Grundriss 5

    1.2.2   Einsehbarkeit 6

2 INVESTITION 7

2.1 Kapitalwertmethode 7

2.2 Interne Zinsfußmethode 8

3 FINANZIERUNG 9

3.1 Finanzierung einer Photovoltaikanlage 9

3.2 Stellungnahme Kreditfinanzierung 10

4 PRODUKTION UND LOGISTIK 12

4.1 Arbeitsproduktivität 12

4.2 Einbindung des externen Faktors 14

4.3 Bestandteile Abwicklungszeit und Maßnahmen 14

5 LITERATURVERZEICHNIS 16

6 ABBILDUNGS- UND TABELLENVERZEICHNIS 17

6.1 Abbildungsverzeichnis 17

6.2 Tabellenverzeichnis 17

1 Qualitätszertifizierung

1.1 Personalanforderungen für gerätegestütztes Training nach der DIN 33961

1.1.1 Personaleinsatzplan

Uhrzeit	Montag			Dienstag			Mittwoch			Donnerstag			Freitag			Samstag			Sonntag		
	T1	T2	T3	T1	T2	T3	T1	T2	T3	T1	T2	T3	T1	T2	T3	T1	T2	T3	T1	T2	T3
8:00-9:00	B	D		D			G			A			B	A							
09:00-10:00	B	C		D				B		A			B	A		H			F		
10:00-11:00	B	C		D	A			B		A	B		B	A		H			F		
11:00-12:00	B	C			A		E	B		A	B		B	A		H			F		
12:00-13:00	B	D		D	A		E	B	H	A	B		B				D		F		
13:00-14:00	B	D		D			E	B	H	A	B		B			G			F		
14:00-15:00		E		E			F			E			B	E		G			F		
16:00-17:00	A				E	B	A		H	E	D			E		G			F		
17:00-18:00	A				B	F	A	D	H	E	D	H		E	H	G			F		
18:00-19:00	A	E			B	F	A	D	H	E				H			E	H			
19:00-20:00	A	E		E	B	F		D						H			H				
20:00-21:00	A	E		E			A							H			H				
21:00-22:00	A			E			A							H		E					

T1	Trainer 1	⬜	Trainingsfläche
T2	Trainer 2	⬜	Trainertermine
T3	Trainer 3	⬜	Doppelfunktion (Fläche und Theke)
		⬜	nicht besetzt
A-H	Personalkürzel	⬜	geschlossen

Abb. 1: Personaleinsatzplan

1.1.2 Qualifikationsstufen

Tab. 1: Qualifikationsstufen der Trainer

Trainerkürzel	Qualifikation	Qualifikationsstufe
Trainer A	Bereichsleiter gerätegestütztes Training, Diplom Sportwissenschaftler (Universität Potsdam)	Stufe 7
Trainer B	Fitnesstrainer B-Lizenz (BSA)	Stufe 3
Trainer C	Fitnesstrainer A-Lizenz (BSA)	Stufe 4

Trainer D	Staatlich geprüfte Gymnastik-Lehrerin (LSB Berlin)	Stufe 4
Trainer E	6. Semester Bachelor Fitnessökonomie (DHfPG)	Stufe 3
Trainer F	Sport- und Fitnesskaufmann (IST-Institut)	Stufe 4
Trainer G	6. Semester Bachelor Fitnessökonomie (DHfPG)	Stufe 3
Trainer H	Bachelor in Fitnessökonomie (DHfPG)	Stufe 6

1.1.3 Soll/Ist-Vergleich

Die Gesamtfläche der Anlage beträgt 1350 qm, somit liegt der Soll-Wert der Trainerwochenstundenzahl bei 79 Stunden. Die tatsächliche Anzahl an Trainerstunden pro Woche liegt in diesem Beispiel bei 122 Stunden.

Der Bereichsleiter verfügt über die höchste Qualifikationsstufe (7), demnach ist dieses Kriterium erfüllt. Alle anderen Stunden werden durch Trainer abgedeckt, die mindestens Qualifikationsstufe 3 haben. Es ist davon auszugehen, dass alle Trainer mindestens 18 Jahre alt sind. Aufgrund der maximalen Einsehbarkeit von 52,3 % müssen von dem Personaleinsatzplan an Tagen an denen nur ein einzelner Trainer anwesend ist, 47,7 % abgezogen werden. 36 Stunden werden nur durch einen Trainer abgedeckt. Davon werden 47,7 % d.h. 17,2 Stunden abgezogen.

Ist-Wert Trainerwochenstundenzahl – Abzug = 122 – 17,2 = **104,8 Stunden.**

104,8 Stunden > 79 Stunden gem. Soll-Wert

Den Berechnungen zufolge werden die Anforderungen an die DIN 33961 erfüllt.

1.1.4 Notfallmanagement

Tab. 2: Kosten für Notfallmanagement

Institut	Kurs	Kosten pro Person
DEKRA Akademie	Brandschutzhelfer	1.963,50 €
Brandschutz Ost	Brandschutzhelfer	1.100,00 €
Akademie für Notfallmanagement und Brandschutz GmbH	Erste Hilfe	30,00 €
Deutsches Rotes Kreuz	Erste Hilfe	35,00 €

Bei den insgesamt 8 Trainern, die jeweils eine Ausbildung zum Ersthelfer als auch zum Brandschutzhelfer absolvieren liegen die Gesamtkosten mit den günstigsten Anbietern bei **9.040 €**. Eventuelle Fahrtkosten o.ä. werden in der Kalkulation nicht berücksichtigt.

1.2 Einsehbarkeit der Trainingsfläche

1.2.1 Grundriss

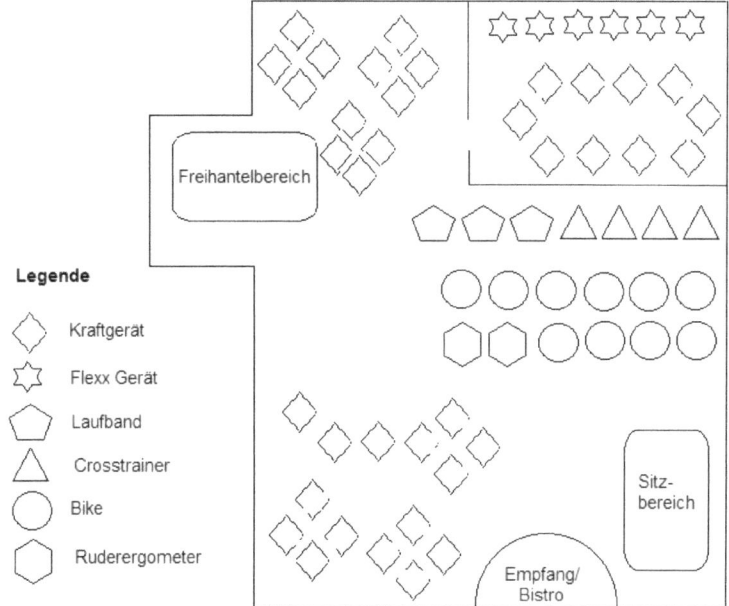

Abb. 2: Grundriss der Trainingsfläche

Die Trainingsfläche verfügt über 19 Ausdauergeräte, 40 Kraftgeräte (inklusive 3 Kraft-trainingsbänke aus dem Freihantelbereich), sowie einen Beweglichkeitszirkel mit 6 Ge-räten. Das macht eine Gesamtanzahl von 65 Geräten.

1.2.2 Einsehbarkeit

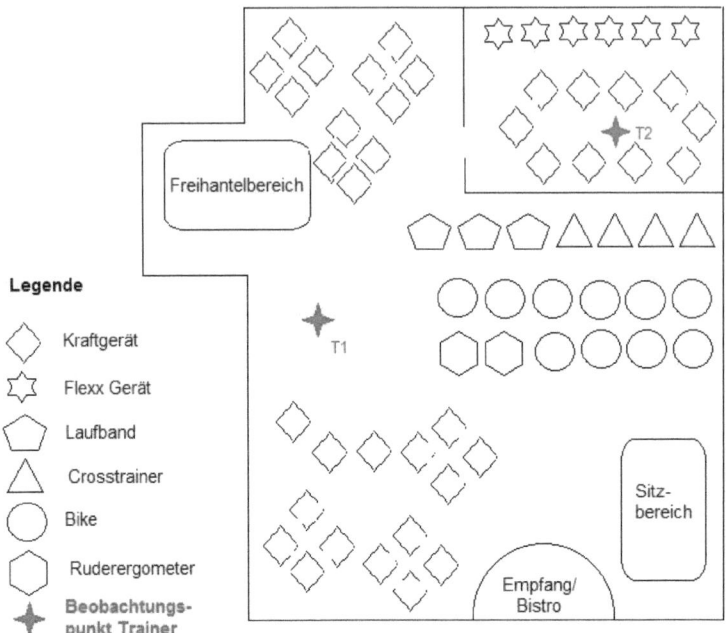

Abb. 3: Beobachtungspunkt und Einsehbarkeit

Aufgrund des Grundrisses des Trainingsbereiches ist die Einsehbarkeit von einem Trainer nicht möglich.

Standpunkt 1: 49 von 65 = 75,4 %

Standpunkt 2: 19 von 65 = 29,2 % (alle Geräte im Raum, zusätzlich 3 Geräte aus der Tür heraus)

75,4 + 29,2 / 2 = 52,3 %

Die durchschnittliche Einsehbarkeit beträgt 52,3 %.

2 Investition

2.1 Kapitalwertmethode

Anschaffungskosten: 70.000 €

Liquidationserlös nach 4 Jahren: 30.000 €

Kalkulationszinssatz: 8 %

Tab. 3: Barwerte der Einzahlungen

Jahr	Einzahlungen	Abzinsung	Barwert
1	28.400 €	$1,08^{-1}$	26.296,30
2	29.200 €	$1,08^{-2}$	25.034,29
3	32.600 €	$1,08^{-3}$	25.878,93
4	29.700 €	$1,08^{-4}$	21.830,39
Summe $\sum$			99.039,99

Die Werte der Einzahlungen werden über die Abzinsung mit dem Abzinsungsfaktor multipliziert und das Ergebnis ist der Barwert.

Tab. 4: Barwerte der Auszahlungen

Jahr	Auszahlungen	Abzinsung	Barwert
1	12.800 €	$1,08^{-1}$	11.851,85
2	16.500 €	$1,08^{-2}$	14.146,09
3	19.200 €	$1,08^{-3}$	15.241,58
4	21.400 €	$1,08^{-4}$	15.729,64
Summe $\sum$			56.969,16

Barwert Liquidationserlös:

$30.000 \times 1,08^{-4} = 22050,90$

Formel Kapitalwertmethode:

$$K = -A_0 + \sum_{t=1}^{n} (E_t - A_t)(1 + i)^{-t} + L_n(1 + i)^{-n}$$

K = - Anschaffungskosten + Summe Barwerte Einzahlungen – Summe Barwerte

Auszahlungen + Barwert Liquidationserlös

Umrechnung der Anschaffungskosten in netto:

70.000 x 19 / 119 = 11.176,47 Mehrwertsteuer

70.000 – 11.176,47 = 58.823,53 € Netto

K = - 58.823,53 + 99.039,99 - 56.969,16 + 22050,90

K = 5.298,20 €

Ist der Kapitalwert über 0, so sind die investitionsbedingten Auszahlungen sowie die erwartete Verzinsung erwirtschaftet wird. Erzielt wird ein Überschuss in Höhe des positiven Kapitalwertes. Die Investition ist vorteilhaft, wenn K > 0. In diesem Fall sollte die Investition getätigt werden, denn der Kapitalwert liegt bei 5.298,20 € und bedeutet somit einen Überschuss an Verzinsung. Die Investition ist demnach vorteilhaft.

2.2 Interne Zinsfußmethode

Mit der internen Zinsfußmethode wird der Zinssatz ermittelt, bei dem der Kapitalwert einer Investition gleich null beträgt.

Näherungsformel mit frei wählbaren Versuchszinssätzen (p_1 und p_2):

$$r = p_1 - K_1 \; x \; \frac{p_2 - p_1}{K_2 - K_1}$$

Tab. 5: Berechnung der internen Zinsfußmethode

Jahr	Differenz: Einzahlungen – Auszahlungen	Versuchszinssatz 6%		Versuchszinssatz 12 %	
		Abzinsungs-faktor $1,06^{-t}$	Barwert	Abzinsungs-faktor $1,12^{-t}$	Barwert
1	15.600	$1,06^{-1}$	14.716,98	$1,12^{-1}$	13.928,57
2	12.700	$1,06^{-2}$	11.302,95	$1,12^{-2}$	10.124,36
3	13.400	$1,06^{-3}$	11.250,90	$1,12^{-3}$	9.537,86
4	8.300	$1,06^{-4}$	6.574,38	$1,12^{-4}$	5274,80
Liquidationserlös		$1,06^{-4}$	23.762,81	$1,12^{-4}$	19.065,54
Summe			67.608,02		57.931,13
-Anschaffungskosten			- 58.823,53		- 58.823,53
Kapitalwert (K)			**8.784,49**		**- 892,4**

Einsetzen in die Formel:

$$r = 6 - 8.784{,}49 \; x \; \frac{12-6}{-892{,}4 \, -8.784{,}49}$$

r = 11,45 %

Die Investition ist vorteilhaft, wenn r > i Da der Kalkulationszinsfuß nur bei 8 % liegt und mit dem Ergebnis von 11,45% sogar übertroffen wird, ist die Investition vorteilhaft und sollte durchgeführt werden.

3 Finanzierung

3.1 Finanzierung einer Photovoltaikanlage

1. Kreditfinanzierung (Außen-/ Fremdfinanzierung)

Die Kreditfinanzierung ist die klassische Form der Außenfinanzierung. Ein bestimmter Geldbetrag wird vom Kreditgeber zur Verfügung gestellt, der Kreditnehmer zahlt die Tilgung zusätzlich mit den Zinsen zurück. In der Praxis würde man zunächst einen Kreditantrag stellen, nachdem der Kreditgeber die Kreditwürdigkeit und die Sicherheiten des Kreditnehmers feststellen würde. Es wird eine Einschätzung vorgenommen, wie hoch das Risiko ausfällt, dass der Kredit am Ende nicht getilgt werden könnte. Sobald das Risiko nach der Einschätzung der persönlichen und wirtschaftlichen Kreditwürdigkeit, in einem bestimmten Scoring Modell gering genug ausfällt, wird eine Zusage erteilt. Durch ein anschließendes Monitoring wird die wirtschaftliche Situation des Kreditnehmers überwacht. Die Vor- und Nachteile der Kreditfinanzierung werden in Aufgabe 3.2 erläutert. Zu beachten ist allerdings, dass die Laufzeit des Kredits der betriebsgewöhnlichen Nutzungsdauer des damit finanzierten Gutes entsprechen.

Bei einer Photovoltaikanlage sollte man auf einen Kredit gute Chancen haben, da sie zwar hohe Anschaffungskosten bedeutet, jedoch im Nachhinein die Stromkosten dauerhaft senken kann. Viele regionale Sparkassen und Bausparkassen bieten inzwischen Solar-Kredite an. Die auf die Anlagen entfallende Mehrwertsteuer ist durch einen Solar-Kredit allerdings nicht abgedeckt, deshalb sollte man ca. 20 % mehr Kapital einplanen.

2. Abschreibungsfinanzierung (Innen-/Eigenfinanzierung)

Die Finanzierung zeichnet sich dadurch aus, dass die Abschreibungen als Kostenbestand-
teil der Produkte des Unternehmens über den Umsatz erwirtschaftet werden. Diese Abschreibungen führen jedoch im Gegensatz zu anderen Kosten wie Materialaufwand oder
Gehältern nicht zu Auszahlungen und stehen somit dem Unternehmen in Form liquider
Mittel zur Verfügung.

Da Abschreibungen als Kosten gelten, ergibt sich eine Steuerminderung, da der zu ver-
steuernde Gewinn durch diese zusätzlichen Kosten gemindert wird.

Man kann in der Praxis zum Beispiel die lineare Abschreibung wählen und die Anschaffungskosten gleichmäßig über z.B. 20 Jahre jährlich 5 Prozent abschreiben. Bei einer
Photovoltaikanlage im Wert von 12.000 € wären das jährlich 600 €. Die Anschreibung
muss dann zeitanteilig angesetzt werden. Auch möglich ist die degressive Abschreibung,
bei der die Abschreibungen jedes Jahr geringer werden und somit die Steuerlast zu Be-
ginn der Anschaffung gemindert wird.

3. Leasing (Außen-/ Fremdfinanzierung)

Solar-Leasing ist ein Mietkauf von Photovoltaikanlagen. Man muss hier meistens auch
nur den Betrag aufwenden, den die Anlage einnimmt. Auch hier prüft die Leasing-Ge-
sellschaft die Kreditwürdigkeit des Leasing-Nehmers.

Vorteil des Leasings ist, dass man sein Eigenkapital schonen kann, das Rating bei der
Bank sich nicht verändert und es eine sichere Kalkulation durch feste und transparente
Zahlungen bietet. Zusätzlich kommt der Betreiber für die Kosten für Wartung und Versi-
cherung auf. Leasingraten sind Betriebsausgaben, die in voller Höhe in die Ertragsrech-
nung einfließen und sich steuermindernd auswirken. Allerdings wird die Photovoltaikanlage durch Leasing nicht zum Eigentum und geht anschließend wieder an den Leasing-
Geber zurück. Hinzu kommt, dass Leasing Raten meist teurer sind, als bei normalen Kre-
diten. Außerdem sind Leasing-Verträge meistens nicht kündbar.

3.2 Stellungnahme Kreditfinanzierung

„In der Unternehmenspraxis hat sich die Kreditfinanzierung bei Investitionsgütern des
Anlagevermögens als einzig wahre Finanzierungsform herausgestellt."

Die Aussage sollte kritisch betrachtet werden, da es in jeder Handlung zunächst Vor- und
Nachteile geben kann. Der Vorteil in einer Kreditfinanzierung besteht darin, dass der

Kreditgeber weder Mitspracherecht über die Verwendung noch jegliche Kontrollbefugnisse hat, es sei denn es entsteht eine große Abhängigkeit vom Kapitalgeber. Durch den Kredit kann die Flexibilität des Unternehmens erhöht werden, indem kurzfristig finanzielle Engpässe überwunden werden können, jedoch sollte man die Kosten der Tilgung nicht unterschätzen. Im Moment ist es in Deutschland sehr günstig, einen Kredit aufzunehmen, aufgrund der geringen Zinsen.

Durch eine hohe Liquidität entsteht manchmal ein Preisvorteil, dadurch dass bei einer einmaligen Zahlung oftmals ein Rabatt vom Händler angeboten werden kann. Die Voraussetzung hierbei ist jedoch eine gute Bonität des Kreditnehmers, zumal bei schlechter Bonität die Konditionen ungünstig sein können.

Kredit können auch vorteilhaft sein, indem sie bestehende Darlehen ablösen, die in Zeiten von höherem Zinsniveau aufgenommen wurden.

Allerdings besteht bei der Aufnahme von Kredites auch das Risiko, dass das monatliche Budget zur Tilgung nicht mehr ausreicht, indem die kalkulierte Einkommensquelle wegbricht. Somit kann die Gefahr der Überschuldung entstehen, zum Beispiel durch eine Fehleinschätzung der finanziellen Lage durch fehlenden Überblick. Von daher sollte man sich nicht voreilig für einen Kredit entscheiden und genau kontrollieren wie viele Kredite noch getilgt werden müssen und mit seinem Budget gut haushalten.

Es gilt immer abzuwägen, ob die Vorhaben auch nach längerem Sparen mit Eigenkapital bewältigt werden können.

Schuldscheindarlehen, Unternehmensanleihen oder Private Equity können Alternativen zur Kreditfinanzierung darstellen „Die verschiedenen Finanzierungen haben Vor- und Nachteile. Daher muss im Einzelfall abgewogen werden, welche Kombination für ein Unternehmen sinnvoll ist. Für die Entwicklung ganzheitlicher Lösungen im Sinne der Unternehmen ist es sinnvoll, die Hausbanken in die Finanzplanung einzubeziehen" (Verband Deutscher Bürgschaftsbanken, 2012, S.3).

Da die Entscheidung von den Unternehmen abhängig unterschiedlich ausfallen kann, ist die Aussage, die Kreditfinanzierung sei die einzig wahre Finanzierungsform, nicht korrekt.

4 Produktion und Logistik

4.1 Arbeitsproduktivität

Tab. 6: Exemplarische Arbeitswoche hinsichtlich der Arbeitsproduktivität

Wochentag	Anzahl der Kundenbesuche	Anzahl der Personalstunden	Arbeitsproduktivität
Montag	223	49,45	4,51
Dienstag	220	57,00	3,86
Mittwoch	155	70,15	2,21
Donnerstag	183	55,45	3,30
Freitag	174	63,45	2,74
Samstag	77	15,15	5,08
Sonntag	53	9,00	5,80

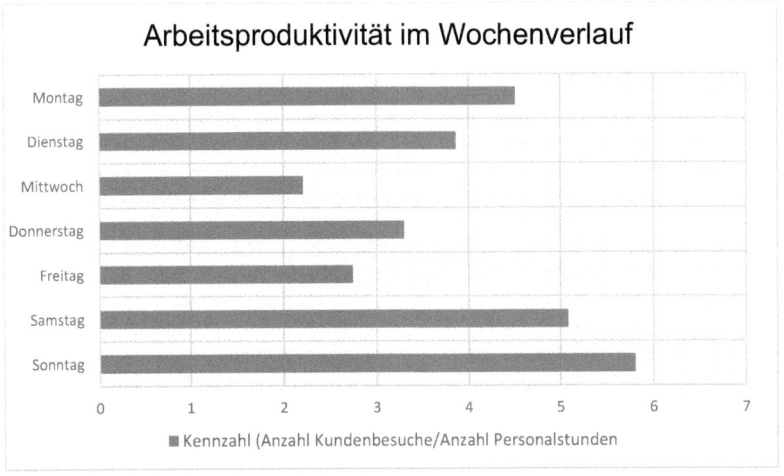

Abb. 4: Arbeitsproduktivität

Die Arbeitsproduktivität stellt den Zusammenhang der Anzahl an Kundenbesuchen in Relation zur Anzahl der gesamten Personalstunden dar. Je höher der Wert, desto besser war die Arbeitsproduktivität.

In diesem Fall sind Arbeitsstunden von allen Trainern, sowie Kurstrainern und Service Personal einberechnet worden. Die Daten wurden aus der Software des Unternehmens entnommen.

Anhand der Abbildung lässt sich deutlich erkennen, dass sie Produktivität im Verlauf der Woche abnimmt und zum Wochenende wieder steigt, was an der geringen Personalbesetzung am Samstag und Sonntag liegt. Die Anzahl der Besucher ist geringer am Wochenende, dadurch, dass jedoch nur ein oder zwei Trainer eingesetzt werden, ist die Produktivität dort am höchsten. Auch auffällig ist die niedrige Produktivität am Mittwoch, die daraus resultiert, dass an diesem Tag viele Personalstunden durch das Team-Meeting entstehen, in dem aktiv keine Mitglieder betreut werden.

Im Sommer würde beispielsweise die Produktivität sinken, wenn weniger Kunden kommen würden, dennoch aber die gleiche Menge an Personalstunden eingesetzt werden. Daher könnte man auf diese Produktivitätsschwankungen reagieren, indem man weniger Personalkräfte einplant, zum Beispiel die Pauschalkräfte weniger Arbeitsstunden zugeteilt bekommen. In diesem Fall wären flexiblere Arbeitsmodelle wie z.B. ein Arbeitsvertrag nach Gleitzeit vorteilhaft. Während in den Wintermonaten ein Aufbau von Überstunden entsteht, können diese durch Freizeitausgleich in Sommermonaten wieder ausgeglichen werden.

„Neben dem Personaleinsatz sind es vor allem die Abläufe/Prozesse in Ihrem Unternehmen, deren Optimierung die Arbeitsproduktivität treibt. Ein Beispiel und Anlass für die Neugestaltung von Prozessen ist die Beobachtung von Wartezeiten der Mitarbeiter, die zu Produktivitätsverlusten führen. Der Prozessgestaltung stellen Sie eine sorgfältige Prozessanalyse voraus" (Blaeser-Benfer., Schröter & Vollbroth, 2012, S. 24).

Die Einbindung der Mitarbeiter in die Optimierung der Arbeitsprozesse kann dabei gleichzeitig motivierend wirken. Indem man diese Prozesse optimiert, kann man mit weniger Personalstunden arbeiten und eine höhere Produktivität erzielen.

„Ein guter Personaleinsatz verbessert nicht nur die Arbeitsproduktivität nachhaltig, sondern fördert – je nach Bereich und Funktion – auch andere Teilproduktivitäten. Permanente Arbeitskontakte und Abstimmungen zwischen Bereichsverantwortlichen und dem Personalleiter sind eine hilfreiche Praxis" (Blaeser-Benfer., Schröter & Vollbroth, 2012, S. 24).

Das Analysieren und Verbessern der Schlüsselprozesse (wie z.B. Einweisung, Beratungsgespräch, Trainingsbetreuung) erfordert ein Umdenken und eine Änderung der alltäglichen Verhaltensweisen, doch das Anpassen von Organisation und Strukturen kann erheblich die Produktivität steigern.

4.2 Einbindung des externen Faktors

Der externe Faktor ist im Dienstleistungsproduktionsprozess der Kunde. Dieser erschwert die Planung maßgeblich. Hier kommt das „Uno-Acto"-Prinzip ins Spiel, denn das „Produkt" entsteht vor Ort mit dem Kunden. Je flexibler man als Dienstleister ist, desto schneller und besser kann man auf den externen Faktor reagieren. Dies bedarf einer gewissen Fachkompetenz.

Die Unberechenbarkeit des externen Faktors wirkt sich auf fast alle Arbeitsprozesse aus.

Die Qualität verlässt durch die Integration des externen Faktors den Kontrollbereich des Dienstleisters zum Teil im Leistungserstellungsprozess. Beispielsweise sorgt eine fehlende Motivation der Kunden dafür, dass die Besucherzahlen sinken, wodurch eine Überbesetzung an Personal entsteht. Die Motivation im Einzelfall kann hingegen zum Erfolg oder Misslingen der eigentlichen Leistung (z.B. Gewichtsabnahme des Kunden) beitragen. Auch fehlende Pünktlichkeit kann dazu führen, dass in der Trainingsplanung qualitative Abzüge gemacht werden müssen. Die Dienstleistung muss deshalb stets mit gegenseitigem Vertrauen und Verantwortung erfolgen.

Als Dienstleister sollte man seine Kunden kennen und wissen, wie bestimmte Kundentypen reagieren, um damit planen zu können. Kennt man die Eigenheiten des Stammpublikums, so kann man deren Anforderungen besser gerecht werden. Die Vielfalt der besonderen Ansprüche der Kunden macht es schwerer, eine konstant hohe Qualität zu bewahren. Je kleiner definierter die Zielgruppe, die bestimmte Merkmale aufweist ist, desto einfacher kann man sich auf diese einstellen.

Um die Wechselbereitschaft der Kunden einzudämmen, sollte man in seine Planung daher auch Kundenbindungsmaßnahmen wie z.B. Events einbeziehen. Durch die Variation, Verbesserung und Innovation der Dienstleistung kann man so das „Variety-seeking" hemmen.

4.3 Bestandteile Abwicklungszeit und Maßnahmen

Der Ausbildungsbetrieb ist ein klassisches Fitness-Studio, dessen Kernleistung vor allem im gerätegestütztes Training und im Kursbereich liegt.

Die Abwicklungszeit besteht aus der Transferzeit, der Vor- und Nachbereitungszeit und die Zeit der Nutzungsleistung, sowie eventuellen Wartezeiten.

Eine mögliche Maßnahme zur Verkürzung der Vorbereitungszeit wäre ein automatischer „Self-Check-In" mit einem Chip-Armband, das zum Bespiel auch die Schränke abschließen kann. Somit wären Wartezeiten am Check-In umgangen, wenn der zuständige Mitarbeiter beispielsweise im Telefonat ist und die Zeit zur Ausgabe eines Spind-Schlüssels eingespart. Allerdings könnte bei einer solchen Maßnahme die Kundenbindung verloren gehen, da alles anonymisiert wird. Ein Mitarbeiter, der für einen solchen Schritt eventuell etwas länger braucht, kann in dem Zug jedoch vielleicht Zusatzverkäufe tätigen oder zur positiven Kundenbindung beitragen. Diese symbiotischen Effekte sollten nicht vernachlässigt werden, da für viele Kunden der Besuch im Fitnessstudio eine soziale Komponente beinhaltet.

Eine weitere Möglichkeit zur Verkürzung der Abwicklungszeit wäre die entsprechende Gestaltung des Kursplans. Indem jene Kurse, die sich nicht gut kombinieren lassen hintereinandergelegt werden, wird der Kunde dazu verleitet nur einen anstatt zwei Kursen zu besuchen, d.h. die Zeit der Nutzungsleistung wird reduziert. Eine mögliche Kombination wäre Yoga und Kickboxen oder Zumba und Bodypump. Kurse, die unterschiedliche Zielgruppen ansprechen ergeben hierbei eine sinnvolle Kombination.

Eine dritte Maßnahme könnte eine Investition in einen Trainingszirkel oder die eigene Kreation eines Trainingszirkels sein. So werden Wartezeiten an den Kraftgeräten reduziert. Dies erfordert eine „Umerziehung" der Kunden und eine klare Kommunikation der Mitarbeiter, führt aber unter Umständen langfristig zur Kundenzufriedenheit durch Zeiteinsparung.

5 Literaturverzeichnis

Akademie für Notfallmanagement und Brandschutz GmbH. (2017). *Erste Hilfe Kursangebote.* Zugriff am 11.05.2017. Verfügbar unter http://www.ersthelfer-kurs.de/erste-hilfe-kurse/erste-hilfe-kurs:-die-ersthelfer-ausbildung-fuer-alle!_eh

Blaeser-Benfer, A., Schröter, W. & Vollbroth, T. (2012). Produktivität für kleine und mittelständische Unternehmen. *RKW Rationalisierungs- und Innovationszentrum der Deutschen Wirtschaft e. V.* Eschborn: Bundesministerium für Wirtschaft und Technologie.

Brandschutz Ost. (2017). *Ausbildung zum Brandschutzbeauftragten DGUV Information 205-003.* Zugriff am 11.05.2017. Verfügbar unter https://www.brand schutz-ost.de/index.php/ausbildung-brandschutzhelfer/ausbildungbrandschutzbeauftragter

DEKRA. (2017). *BRANDSCHUTZBEAUFTRAGTE/-R – ERSTSCHULUNG.* Zugriff am 11.05.2017. Verfügbar unter https://www.dekra-akademie.de/de/seminar-detailseite/?key=76786.562.82.01.00209

Deutsches Rotes Kreuz. (2017). *Rotkreuzkurs Erste Hilfe.* Zugriff am 11.05.2017. Verfügbar unter https://www.drk-intern.de/start/suchergebnisse/drk-kurstermin-suchergebnis.html?tx_drkcoursesearch_coursesearch%5Baction%5D=courseResult&tx_drkcoursesearch_coursesearch%5Bcontroller%5D=Course&cHash=5530fd1e397acdfa600841655165841d

Verband Deutscher Bürgschaftsbanken. (2012). *Alternativen zum Kredit.* Zugriff am 11.05.2017. Verfügbar unter http://www.vdb-info.de/media/file/1967.Fokus_Unternehmen_Kreditalternativen_VDB.pdf

6 Abbildungs- und Tabellenverzeichnis

6.1 Abbildungsverzeichnis

Abb. 1: Personaleinsatzplan 3
Abb. 2: Grundriss der Trainingsfläche 5
Abb. 3: Beobachtungspunkt und Einsehbarkeit 6
Abb. 4: Arbeitsproduktivität 12

6.2 Tabellenverzeichnis

Tab. 1: Qualifikationsstufen der Trainer 3
Tab. 2: Kosten für Notfallmanagement 4
Tab. 3: Barwerte der Einzahlungen 7
Tab. 4: Barwerte der Auszahlungen 7
Tab. 5: Berechnung der internen Zinsfußmethode 8
Tab. 6: Exemplarische Arbeitswoche hinsichtlich der Arbeitsproduktivität 12